Impressum
Verlag: BABADADA GmbH, Nedderfeld 112 , 22529 Hamburg
Geschäftsführer / Verlagsleitung: Harald Hof
Druck: Books on Demand GmbH, In de Tarpen 42, 22848 Norderstedt

Imprint
Publisher: BABADADA GmbH, Nedderfeld 112 , 22529 Hamburg, Germany
Managing Director / Publishing direction: Harald Hof
Print: Books on Demand GmbH, In de Tarpen 42, 22848 Norderstedt

luokkahuone
la salle de classe

jakaa
diviser

186/2

taulu
le tableau noir

koulunpiha
la cour (de récréation)

opettaja
le professeur

paperi
le papier

kirjoittaa
écrire

kynä
le stylo

kirjoituspöytä
le bureau

viivoitin
la règle

kirja
le livre

oppilas
l'élève

reppu

le cartable

penaali

la trousse

lyijykynä

le crayon

kynänteroitin

le taille-crayon

pyyhekumi

la gomme

piirustuslehtiö

le carnet à dessin

piirustus

le dessin

pensseli

le pinceau

vesivärit

la boîte de peinture

sakset

les ciseaux

liima

la colle

harjoituskirja

le cahier d'exercices

kotitehtävä

les devoirs

luku

le chiffre

lisätä

additionner

vähentää

soustraire

kertoa

multiplier

laskea

calculer

kirjain

la lettre

aakkoset

l'alphabet

sana

le mot

teksti

le texte

lukea

lire

liitu

la craie

oppitunti

la leçon

opettajan muistikirja

le livre de classe

koe

l'examen

todistus

le certificat

koulupuku

l'uniforme scolaire

koulutus

la formation

sanakirja

le lexique

yliopisto

l'université

mikroskooppi

le microscope

kartta

la carte

roskakori

la corbeille à papier

hotelli
l'hôtel

retkeilymaja
l'auberge

rahanvaihto
le bureau de change

matkalaukku
la valise

auto
la voiture

kieli
la langue

kyllä / ei
oui / non

selvä
d'accord

hei
Salut

tulkki
l'interprète

kiitos
merci

Paljonko...maksaa?

Combien coûte...?

en ymmärrä

Je ne comprends pas

ongelma

le problème

Hyvää iltaa!

Bonsoir !

Hyvää huomenta!

Bonjour !

Hyvää yötä!

Bonne nuit !

näkemiin

Au revoir

suunta

la direction

matkatavarat

les bagages

laukku

le sac

reppu

le sac-à-dos

vieras

l'hôte

huone

la pièce

makuupussi

le sac de couchage

teltta

la tente

turisti-info

l'office de tourisme

ranta

la plage

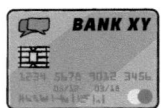

luottokortti

la carte de crédit

aamupala

le petit-déjeuner

lounas

le déjeuner

päivällinen

le dîner

matkalippu

le billet

hissi

l'ascenseur

postimerkki

le timbre

raja

la frontière

tulli

la douane

suurlähetystö

l'ambassade

viisumi

le visa

passi

le passeport

laiva
le navire

lentokone
l'avion

paloauto
le véhicule de pompiers

linja-auto
le bus

kuorma-auto
le camion

oottorivene
bateau à moteur

polkupyörä
la bicyclette

auto
la voiture

lautta
le ferry

vene
la barque

moottoripyörä
la moto

poliisiauto
la voiture de police

kilpa-auto
la voiture de course

vuokra-auto
la voiture de location

car sharing

l'auto-partage

hinausauto

la voiture de remorquage

roska-auto

la benne à ordures

moottori

le moteur

polttoaine

l'essence

huoltoasema

la station d'essence

liikennemerkki

le panneau indicateur

liikenne

le trafic

ruuhka

l'embouteillage

parkkipaikka

le parking

rautatieasema

la gare

raiteet

les rails

juna

le train

raitiovaunu

le tramway

vaunu

le wagon

helikopteri

l'hélicoptère

lentokenttä

l'aéroport

lähilennonjohto

la tour

matkustaja

le passager

kontti

le conteneur

pahvilaatikko

le carton

kärryt

le chariot

kori

la corbeille

nousta / laskea

décoller / atterrir

kaupunki
la ville

kylä

le village

keskusta

le centre-ville

talo

la maison

elokuvateatteri
le cinéma

mainos
la publicité

katuvalo
le réverbère

katu
la rue

taksi
le taxi

kioski
le kiosque

jalankulkija
le piéton

jalkakäytävä
le trottoir

suojatie
le passage piéton

jäteastia
la poubelle

risteys
le carrefour

liikennevalot
les feux de circulation

mökki
la cabane

kerrostalo
l'appartement

rautatieasema
la gare

kaupungintalo
la mairie

museo
le musée

koulu
l'école

yliopisto

l'université

pankki

la banque

sairaala

l'hôpital

hotelli

l'hôtel

apteekki

la pharmacie

toimisto

le bureau

kirjakauppa

la librairie

liike

le magasin

kukkakauppa

le fleuriste

supermarketti

le supermarché

tori

le marché

tavaratalo

le grand magasin

kalakauppias

la poissonnerie

ostoskeskus

le centre commercial

satama

le port

puisto

le parc

penkki

la banque

silta

le pont

portaat

les escaliers

metro

le métro

tunneli

le tunnel

linja-autopysäkki

l'arrêt de bus

baari

le bar

ravintola

le restaurant

postilaatikko

la boîte à lettres

katukyltti

le panneau indicateur

parkkimittari

le parcmètre

eläintarha

le zoo

uimala

le réverbère

moskeija

la mosquée

maatila

la ferme

ympäristön saastuminen

la pollution

hautausmaa

la cimetière

kirkko

l'église

leikkikenttä

l'aire de jeux

temppeli

le temple

maisema
le paysage

lehti
la feuille

tienviitta
le panneau indicateur

tie
le chemin

niitty
le pré

kivi
la pierre

puu
l'arbre

retkeilijä
le randonneur

joki
la rivière

ruoho
l'herbe

kukka
la fleur

laakso

la vallée

vuori

la montagne

järvi

le lac

metsä

la forêt

aavikko

le désert

tulivuori

le volcan

linna

le château

sateenkaari

l'arc-en-ciel

sieni

le champignon

palmu

le palmier

hyttynen

le moustique

kärpänen

la mouche

muurahainen

les fourmis

mehiläinen

l'abeille

hämähäkki

l'araignée

maisema - le paysage

15

kovakuoriainen

le coléoptère

sammakko

la grenouille

orava

l'écureuil

siili

le hérisson

jänis

le lièvre

pöllö

la chouette

lintu

l'oiseau

joutsen

le cygne

villisika

le sanglier

peura

le cerf

hirvi

l'élan

pato

le barrage

tuulimylly

l'éolienne

aurinkopaneeli

le panneau solaire

ilmasto

le climat

tarjoilija
le serveur

ruokalista
le menu

tuoli
la chaise

keitto
la soupe

pitsa
la pizza

ruokailuvälineet
les couverts

pöytäliina
la nappe

alkuruoka

les hors d'œuvre

pääruoka

le plat principal

jälkiruoka

le dessert

juomat

les boissons

ruoka

l'alimentation

pullo

la bouteille

pikaruoka

le fast-food

katuruoka

les plats à emporter

teekannu

la théière

sokeriastia

le sucrier

annos

la portion

espressokeitin

la machine à expresso

syöttötuoli

la chaise haute

lasku

la facture

tarjotin

le plateau

veitsi

le couteau

haarukka

la fourchette

lusikka

la cuillère

teelusikka

la cuillère à thé

servietti

la serviette

lasi

le verre

lautanen

l'assiette

syvä lautanen

l'assiette à soupe

aluslautanen

la soucoupe

kastike

la sauce

suolasirotin

la salière

pippurimylly

le moulin à poivre

etikka

le vinaigre

öljy

l'huile

mausteet

les épices

ketsuppi

le ketchup

sinappi

la moutarde

majoneesi

la mayonnaise

tarjous
l'offre promotionnelle

asiakas
le client

maitotuotteet
les produits laitiers

hedelmät
les fruits

ostoskärryt
le chariot

teurastamo
la boucherie

leipomo
la boulangerie

punnita
peser

kasvikset
les légumes

liha
la viande

pakasteet
les aliments surgelés

leikkele

la charcuterie

säilykkeet

les conserves

pesujauhe

la poudre à lessive

makeiset

les bonbons

kotitaloustarvikkeet

les articles ménagers

puhdistusaineet

les détergents

myyjä

la vendeuse

kassa

la caisse

kassanhoitaja

le caissier

ostoslista

la liste d'achats

aukioloajat

les heures d'ouverture

lompakko

le portefeuille

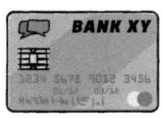

luottokortti

la carte de crédit

kassi

le sac

muovipussi

le sac en plastique

vesi

l'eau

mehu

le jus de fruit

maito

le lait

kokis

le coca

viini

le vin

olut

la bière

alkoholi

l'alcool

kaakao

le chocolat chaud

tee

le thé

kahvi

le café

espresso

l'expresso

cappuccino

le cappuccino

banaani

la banane

omena

la pomme

appelsiini

l'orange

meloni

le melon

sitruuna

le citron.

porkkana

la carotte

valkosipuli

l'ail

bambu

le bambou

sipuli

l'oignon

sieni

le champignon

pähkinät

les noisettes

spagetti

les pâtes

spagetti

les spaghetti

riisi

le riz

salaatti

la salade

ranskalaiset

les pommes frites

paistetut perunat

les pommes de terre rôties

pitsa

la pizza

hampurilainen

le hamburger

voileipä

le sandwich

leike

l'escalope

kinkku

le jambon

salami

le salami

makkara

la saucisse

kana

le poulet

paisti

le rôti

kala

le poisson

kaurahiutaleet

les flocons d'avoine

mysli

le muesli

murot

les cornflakes

jauho

la farine

voisarvi

le croissant

sämpylä

les petits-pains

leipä

le pain

paahtoleipä

le pain grillé

keksit

les biscuits

voi

le beurre

rahka

le fromage blanc

kakku

le gâteau

kananmuna

l'œuf

paistettu kananmuna

l'œuf au plat

juusto

le fromage

ruoka - l'alimentation

jäätelö

la glace

sokeri

le sucre

hunaja

le miel

hillo

la confiture

suklaapähkinälevite

la crème nougat

curry

le curry

maatila
la ferme

heinäpaali
la botte de paille

lato; liiteri
la grange

pelto
le champ

hevonen
le cheval

peräkärry
la remorque

varsa
le poulain

traktori
le tracteur

aasi
l'âne

karitsa
l'agneau

lammas
le mouton

vuohi
la chèvre

lehmä
la vache

vasikka
le veau

sika
le porc

porsas
le porcelet

sonni
le taureau

hanhi

l'oie

ankka

le canard

tipu

le poussin

kana

la poule

kukko

le coq

rotta

le rat

kissa

le chat

hiiri

la souris

härkä

le bœuf

koira

le chien

koirankoppi

le chenil

puutarhaletku

le tuyau de jardin

kastelukannu

l'arrosoir

viikate

la faucheuse

aura

la charrue

sirppi

la faucille

kuokka

la pioche

talikko

la fourche

kirves

la hache

kottikärryt

la brouette

kaukalo

la cuve

maitokannu

le pot à lait

säkki

le sac

aita

la clôture

talli

l'étable

kasvihuone

le serre

maa

le sol

siemen

les semences

lannoite

l'engrais

leikkuupuimuri

la moissonneuse-batteuse

kerätä sato

récolter

sato

la récolte

jamssit

l'igname

vehnä

le blé

soija

le soja

peruna

la pomme de terre

maissi

le maïs

rypsi

le colza

hedelmäpuu

l'arbre fruitier

maniokki

le manioc

vilja

les céréales

savupiippu
la cheminée

katto
le toit

sadevesikouru
la gouttière

ikkuna
la fenêtre

autotalli
le garage

ovikello
la sonnette

ovi
la porte

roska-asta
la poubelle

postilaatikko
la boîte aux lettres

puutarha
le jardin

olohuone

le salon

kylpyhuone

la salle de bain

keittiö

la cuisine

makuuhuone

la chambre à coucher

lastenhuone

la chambre d'enfant

ruokahuone

la salle à manger

lattia

le sol

seinä

le mur

katto

le plafond

kellari

la cave

sauna

le sauna

parveke

le balcon

terassi

la terrasse

uima-allas

la piscine

ruohonleikkuri

la tondeuse à gazon

lakana

la housse

päiväpeitto

la couette

sänky

le lit

harja

le balai

ämpäri

le sceau

katkaisin

l'interrupteur

tapetti
le papier peint

kuva
l'image

lamppu
la lampe

hylly
l'étagère

kaappi
l'armoire

takka
la cheminée

televisio
la télé

kukka
la fleur

tyyny
le coussin

sohva
le sofa

maljakko
le vase

kaukosäädin
la télécommande

matto
le tapis

verho
le rideau

pöytä
la table

tuoli
la chaise

keinutuoli
la chaise à bascule

nojatuoli
le fauteuil

kirja

le livre

peitto

la couverture

koriste

la décoration

polttopuut

le bois de chauffage

elokuva

le film

stereot

la chaîne hi-fi

avain

la clé

sanomalehti

le journal

maalaus

la peinture

juliste

le poster

radio

la radio

muistivihko

le bloc-notes

pölynimuri

l'aspirateur

kaktus

le cactus

kynttilä

la bougie

jääkaappi
le réfrigérateur

mikroaaltouuni
le four à micro-ondes

keittiövaaka
la balance de cuisine

leivänpaahdin
le grille-pain

pesuaine
le détergent

leivinuuni
le four

pakastinlokero
le compartiment congélateur

roska-astia
la poubelle

astianpesukone
le lave-vaisselle

liesi

le four

kattila

la casserole

rautapata

la marmite

vokkipannu / kadai-pannu

le wok / kadai

paistinpannu

la poêle

teepannu

la bouilloire electrique

höyrykeitin

le cuiseur vapeur

uunipelti

la plaque de cuisson

astiat

la vaisselle

muki

le gobelet

kulho

la coupe

syömäpuikot

les baguettes

kauha

la louche

paistinlasta

la spatule

vispilä

le fouet

siivilä

la passoire

siivilä

le tamis

raastin

la râpe

mortteli

le mortier

grilli

le barbecue

avotuli

la cheminée

leikkuulauta
la planche à découper

kaulin
le rouleau à pâtisserie

korkinavaaja
le tire-bouchon

purkki
la boîte

purkinavaaja
l'ouvre-boîte

pannulappu
les maniques

lavuaari
le lavabo

tiskiharja
la brosse

pesusieni
l'éponge

tehosekoitin
le mixeur

pakastin
le congélateur

tuttipullo
le biberon

vesihana
le robinet

keittiö - la cuisine

lämmitys
le chauffage

suihku
la douche

pyyhe
la serviette

suihkuverho
le rideau de douche

vaahtokylpy
le bain moussant

kylpyamme
la baignoire

lasi
le verre

pesukone
la machine à laver

vesihana
le robinet

kaakelit
le carrelage

potta
le pot

lavuaari
le lavabo

vessa
les toilettes

kyykkyvessa
la toilette à la turque

bidee
le bidet

pisuaari
l'urinoir

vessapaperi
le papier toilette

vessaharja
la brosse à toilette

hammasharja
la brosse à dents

hammastahna
le dentifrice

hammaslanka
le fil dentaire

pestä
laver

käsisuihku
la douche manuelle

intiimisuihku
la douche intime

pesuvati
la vasque

selkäharja
la brosse dorsale

saippua
le savon

suihkugeeli
le gel douche

shampoo
le shampooing

pesulappu
le gant de toilette

viemäri
l'écoulement

voide
la crème

deodorantti
le déodorant

peili

le miroir

käsipeili

le miroir cosmétique

partaveitsi

le rasoir

partavaahto

la mousse à raser

partavesi

l'après-rasage

kampa

la peigne

harja

la brosse

hiustenkuivaaja

le sèche-cheveux

hiuslakka

la laque pour cheveux

meikki

le fond de teint

huulipuna

le rouge à lèvres

kynsilakka

le vernis à ongles

pumpuli

l'ouate

kynsisakset

le coupe-ongles

hajuvesi

le parfum

kosmetiikkalaukku

la trousse de toilette

jakkara

le tabouret

vaaka

le pèse-personne

kylpytakki

le peignoir

kumihansikkaat

les gants de nettoyage

tamponi

le tampon

terveysside

les serviettes hygiéniques

kemiallinen wc

la toilette chimique

herätyskello
le réveil

pehmolelu
le doudou

leikkiauto
la voiture jouet

helistin
le hochet

nukkekoti
la maison de poupée

lahja
le cadeau

ilmapallo

le ballon

sänky

le lit

lastenvaunut

la poussette

korttipeli

le jeu de cartes

palapeli

le puzzle

sarjakuva

la bande dessinée

legopalikat

les pièces lego

rakennuspalikat

les blocs de construction

supersankari

la figurine

potkupuku

la grenouillère

frisbee

le frisbee

mobile

le mobile

lautapeli

le jeu de société

noppa

le dé

pienoisjunarata

le train miniature

tutti

la sucette

juhlat

la fête

kuvakirja

le livre d'images

pallo

la balle

nukke

la poupée

leikkiä

jouer

hiekkalaatikko

le bac à sable

keinu

la balançoire

lelut

les jouets

pelikonsoli

la console de jeu

kolmipyörä

le tricycle

nalle

l'ours en peluche

vaatekaappi

l'armoire

vaatteet
les vêtements

sukat

les chaussettes

nylonsukat

les bas

sukkahousut

le collant

kaulaliina
l'écharpe

sateenvarjo
le parapluie

vyö
la ceinture

t-paita
le t-shirt

saappaat
les bottes

sisätossut
les pantoufles

lenkkarit
les baskets

sandaalit
les sandales

kengät
les chaussures

kumisaappaat
les bottes de caoutchouc

alushousut
les sous-vêtements

rintaliivit
le soutien-gorge

aluspaita
le maillot de corps

body

le body

housut

le pantalon

farkut

le jean

hame

la jupe

pusero

le chemisier

paita

la chemise

villapaita

le pull

collegepaita

le sweat à capuche

jakku

la veste

takki

la veste

takki

le manteau

sadetakki

l'imperméable

puku

le costume

mekko

la robe

hääpuku

la robe de mariée

puku
le costume

yöpaita
la chemise de nuit

pyjama
le pyjama

shari
le sari

päähuivi
le foulard

turbaani
le turban

burka
la burqa

kaftaani
le caftan

abaya
l'abaya

uimapuku
le maillot de bain

uimahousut
le maillot de bain

shortsit
le short

verkkarit
la tenue d'entraînement

esiliina
le tablier

käsineet
les gants

nappi

le bouton

silmälasit

les lunettes

rannekoru

le bracelet

kaulakoru

le collier

sormus

la bague

korvakoru

la boucle d'oreille

lippalakki

le bonnet

ripustin

le cintre

hattu

le chapeau

solmio

la cravate

vetoketju

la fermeture éclair

kypärä

le casque

henkselit

les bretelles

koulupuku

l'uniforme scolaire

univormu

l'uniforme

ruokalappu

le bavoir

tutti

la sucette

vaippa

la lange

palvelin
le serveur

asiakirjakaappi
l'armoire d'archivage

tulostin
l'imprimante

näyttö
l'écran

paperi
le papier

kirjoituspöytä
le bureau

hiiri
la souris

kansio
le classeur

näppäimistö
le clavier

roskakori
la corbeille à papier

tietokone
l'ordinateur

tuoli
la chaise

kahvimuki

la tasse de café

taskulaskin

la calculatrice

internet

l'internet

kannettava tietokone

l'ordinateur portable

kirje

la lettre

viesti

le message

kännykkä

le portable

verkko

le réseau

kopiokone

la photocopieuse

ohjelmisto

le logiciel

puhelin

le téléphone

pistorasia

la prise

faksi

le fax

lomake

le formulaire

asiakirja

le document

ostaa

acheter

maksaa

payer

vaihtaa

faire du commerce

raha

la monnaie

dollari

le dollar

euro

l'euro

jeni

le yen

rupla

le rouble

frangi

le franc suisse

renminbi juan

le renminbi yuan

rupia

la roupie

pankkiautomaatti

le distributeur automatique

rahanvaihto

le bureau de change

kulta

l'or

hopea

l'argent

öljy

le pétrole

energia

l'énergie

hinta

le prix

sopimus

le contrat

vero

la taxe

osake

l'action

työskennellä

travailler

työntekijä

l'employé

työnantaja

l'employeur

tehdas

l'usine

liike

le magasin

talous - l'économie

poliisi
l'agent de police

palomies
le pompier

kokki
le cuisinier

lääkäri
le médecin

lentäjä
le pilote

puutarhuri

le jardinier

puuseppä

le menuisier

ompelija

la couturière

tuomari

le juge

kemisti

le chimiste

näyttelijä

l'acteur

linja-autonkuljettaja

le conducteur de bus

taksinkuljettaja

le chauffeur de taxi

kalastaja

le pêcheur

siivooja

la femme de ménage

katontekijä

le couvreur

tarjoilija

le serveur

metsästäjä

le chasseur

maalari

le peintre

leipuri

le boulanger

sähköasentaja

l'électricien

rakentaja

l'ouvrier

insinööri

l'ingénieur

teurastaja

le boucher

putkiasentaja

le plombier

postinjakaja

le facteur

sotilas

le soldat

arkkitehti

l'architecte

kassanhoitaja

le caissier

floristi

le fleuriste

kampaaja

le coiffeur

konduktööri

le contrôleur

mekaanikko

le mécanicien

kapteeni

le capitaine

hammaslääkäri

le dentiste

tiedemies

le scientifique

rabbi

le rabbin

imaami

l'imam

munkki

le moine

pappi

le prêtre

vasara
le marteau

pihdit
les pinces

ruuvimeisseli
le tournevis

taskulamppu
la torche

jakoavain
la clé

kaivinkone

la pelleteuse

työkalupakki

la boîte à outils

tikkaat

l'échelle

saha

la scie

naulat

les clous

pora

la perceuse

korjata

réparer

lapio

la pelle

Hitto!

Mince !

rikkalapio

la pelle

maalipurkki

le pot de peinture

ruuvit

les vis

kaiuttimet
le haut-parleurs

rummut
la batterie

kitara
la guitare

kontrabasso
la contrebasse

trumpetti
la trompette

piano

le piano

viulu

le violon

basso

la basse

patarummut

les timbales

rumpu

le tambour

kosketinsoitin

le piano électrique

saksofoni

le saxophone

huilu

la flûte

mikrofoni

le microphone

tiikeri
le tigre

häkki
la cage

seepra
le zèbre

eläinten ruoka
l'alimentation animale

sisäänkäynti
l'entrée

panda
le panda

eläimet

les animaux

norsu

l'éléphant

kenguru

le kangourou

sarvikuono

le rhinocéros

gorilla

le gorille

karhu

l'ours

kameli

le chameau

strutsi

l'autruche

leijona

le lion

apina

le singe

flamingo

le flamand rose

papukaija

le perroquet

jääkarhu

l'ours polaire

pingviini

le pingouin

hai

le requin

riikinkukko

le paon

käärme

le serpent

krokotiili

le crocodile

eläintarhanhoitaja

le gardien de zoo

hylje

le phoque

jaguaari

le jaguar

poni
le poney

leopardi
le léopard

virtahepo
l'hippopotame

kirahvi
la girafe

kotka
l'aigle

villisika
le sanglier

kala
le poisson

kilpikonna
la tortue

mursu
le morse

kettu
le renard

gaselli
la gazelle

les sports

amerikkalainen jalkapallo
l'american Football

pyöräily
le cyclisme

tennis
le tennis

koripallo
le basket-ball

uinti
la natation

nyrkkeily
la boxe

jääkiekko
le hockey sur glace

jalkapallo
le football

sulkapallo
le badminton

yleisurheilu
l'athlétisme

käsipallo
le handball

hiihto
le ski

poolo
le polo

nauraa
rire

hypätä
sauter

halata
embrasser

kävellä
marcher

laulaa
chanter

unelmoida
rêver

rukoilla
prier

suudella
faire la bise

kirjoittaa

écrire

piirtää

dessiner

näyttää

montrer

painaa

pousser

antaa

donner

ottaa

prendre

omistaa

avoir

tehdä

faire

olla

être

seisoa

être debout

juosta

courir

vetää

trier

heittää

jeter

kaatua

tomber

maata

être couché

odottaa

attendre

kantaa

porter

istua

être assis

pukeutua

s'habiller

nukkua

dormir

herätä

se réveiller

katsoa

regarder

itkeä

pleurer

silittää

caresser

kammata

peigner

puhua

parler

ymmärtää

comprendre

kysyä

demander

kuunnella

écouter

juoda

boire

syödä

manger

siivota

ranger

rakastaa

aimer

keittää

cuire

ajaa

conduire

lentää

voler

aktiviteetit - les activités

purjehtia

faire de la voile

laskea

calculer

lukea

lire

oppia

apprendre

työskennellä

travailler

mennä naimisiin

se marier

ommella

coudre

pestä hampaat

brosser les dents

tappaa

tuer

tupakoida

fumer

lähettää

envoyer

mummo
la grand-mère

ukki
le grand-père

isä
le père

äiti
la mère

vauva
le bébé

tytär
la fille

poika
le fils

vieras

l'hôte

täti

la tante

setä

l'oncle

veli

le frère

sisko

la sœur

otsa
le front

silmä
l'œil

olkapää
l'épaule

sormet
le doigt

kasvot
le visage

leuka
le menton

käsi
la main

rinta
la poitrine

jalka
la jambe

käsivarsi
le bras

vauva
le bébé

mies
l'homme

nainen
la femme

tyttö
la fille

poika
le garçon

pää
la tête

selkä

le dos

maha

le ventre

napa

le nombril

varvas

l'orteil

kantapää

le talon

luu

l'os

lantio

la hanche

polvi

le genou

kyynärpää

le coude

nenä

le nez

takapuoli

les fesses

iho

la peau

poski

la joue

korva

l'oreille

huuli

la lèvre

suu

la bouche

hammas

la dent

kieli

la langue

aivot

le cerveau

sydän

le cœur

lihas

le muscle

keuhkot

les poumons

maksa

le foie

vatsa

l'estomac

munuaiset

les reins

seksi

le rapport sexuel

kondomi

le préservatif

munasolu

l'ovule

sperma

le sperme

raskaus

la grossesse

kuukautiset

la menstruation

vagina

le vagin

penis

le pénis

kulmakarvat

le sourcil

hiukset

les cheveux

niska

le cou

sairaala
l'hôpital

ambulanssi
l'ambulance

pyörätuoli
le fauteuil roulant

murtuma
la fracture

lääkäri

le médecin

ensiapu

le service des urgences

sairaanhoitaja

l'infirmière

hätätilanne

l'urgence

tajuton

inconscient

kipu

la douleur

vamma

la blessure

verenvuoto

l'hémorragie

sydänkohtaus

la crise cardiaque

aivoinfarkti

l'attaque cérébrale

allergia

l'allergie

yskä

la toux

kuume

la fièvre

flunssa

la grippe

ripuli

la diarrhée

päänsärky

le mal de tête

syöpä

le cancer

diabetes

le diabète

kirurgi

le chirurgien

veitsi

le scalpel

leikkaus

l'opération

ct
....
le CT

röntgen
....
la radiographie

ultraääni
....
l'échographie

maski
....
le masque

sairaus
....
la maladie

odotushuone
....
la salle d'attente

sauva
....
la béquille

laastari
....
le pansement

side
....
le pansement

pistos
....
l'injection

stetoskooppi
....
le stéthoscope

paarit
....
le brancard

kuumemittari
....
le thermomètre

syntymä
....
l'accouchement

ylipaino
....
la surcharge pondérale

kuulolaite

l'appareil auditif

desinfiointiaine

le désinfectant

infektio

l'infection

virus

le virus

HIV / AIDS

le VIH / le sida

lääke

le médicament

rokotus

la vaccination

tabletit

les comprimés

pilleri

la pilule

hätäpuhelu

l'appel d'urgence

verenpainemittari

le tensiomètre

sairas / terve

malade / sain

Apua!

Au secours !

hälytys

l'alarme

ryöstö

l'assaut

hyökkäys

l'attaque

vaara

le danger

hätäuloskäynti

la sortie de secours

Tulipalo!

Au feu!

palosammutin

l'extincteur

onnettomuus

l'accident

ensiapulaukku

la trousse de premier
secours

SOS

SOS

poliisilaitos

la police

Eurooppa

l'Europe

Pohjois-Amerikka

l'Amérique du Nord

Etelä-Amerikka

l'Amérique du Sud

Afrikka

l'Afrique

Aasia

l'Asie

Australia

l'Australie

Atlantin valtameri

l'Océan atlantique

Tyynimeri

l'Océan pacifique

Intian valtameri

l'Océan indien

Eteläinen jäämeri

l'Océan antarctique

Pohjoinen jäämeri

l'Océan arctique

pohjoisnapa

le Pôle nord

etelänapa

le Pôle sud

Antarktis

l'Antarctique

maa

la terre

maa

le pays

meri

la mer

saari

l'île

kansa

la nation

osavaltio

l'état

kellotaulu

le cadran

tuntiviisari

l'aiguille des heures

minuuttiviisari

l'aiguille des minutes

sekuntiviisari

l'aiguille des secondes

Paljonko kello on?

Quelle heure est-il ?

päivä

le jour

aika

le temps

nyt

maintenant

digitaalikello

la montre digitale

minuutti

la minute

tunti

l'heure

viikko
la semaine

maanantai / lundi
keskiviikko / mercredi
perjantai / vendredi
tiistai / mardi
torstai / jeudi
lauantai / samedi
sunnuntai / dimanche

eilen
hier

tänään
aujourd'hui

huomenna
demain

aamu
le matin

keskipäivä
le midi

ilta
le soir

MO	TU	WE	TH	FR	SA	SU
1	2	3	4	5	6	7
8	9	10	11	12	13	14
15	16	17	18	19	20	21
22	23	24	25	26	27	28
29	30	31	1	2	3	4

työpäivät
les jours ouvrables

MO	TU	WE	TH	FR	SA	SU
1	2	3	4	5	6	7
8	9	10	11	12	13	14
15	16	17	18	19	20	21
22	23	24	25	26	27	28
29	30	31	1	2	3	4

viikonloppu
le week-end

sade
la pluie

sateenkaari
l'arc-en-ciel

lumi
la neige

tuuli
le vent

kevät
le printemps

syksy
l'automne

kesä
l'été

talvi
l'hiver

sääennuste
la météo

lämpömittari
le thermomètre

auringonpaiste
la lumière du soleil

pilvi
le nuage

sumu
le brouillard

ilmankosteus
l'humidité

salama

la foudre

ukkonen

la tonnerre

myrsky

la tempête

rae

la grêle

monsuuni

la mousson

tulva

l'inondation

jää

la glace

tammikuu

janvier

helmikuu

février

maaliskuu

mars

huhtikuu

avril

toukokuu

mai

kesäkuu

juin

heinäkuu

juillet

elokuu

août

syyskuu

septembre

lokakuu

octobre

marraskuu

novembre

joulukuu

décembre

muodot
les formes

ympyrä

le cercle

neliö

le carré

suorakulmio

le rectangle

kolmio

le triangle

pallo

la sphère

kuutio

le cube

valkoinen

blanc

keltainen

jaune

oranssi

orange

vaaleanpunainen

rose

punainen

rouge

violetti

violet

sininen

bleu

vihreä

vert

ruskea

marron

harmaa

gris

musta

noir

paljon / vähän

beaucoup / peu

vihainen / ystävällinen

fâché / calme

kaunis / ruma

joli / laid

alku / loppu

le début / la fin

suuri / pieni

grand / petit

vaalea / tumma

clair / obscure

veli / sisko

frère / soeur

puhdas / likainen

propre / sale

täydellinen / epätäydellinen

complet / incomplet

päivä / yö

le jour / la nuit

kuollut / elävä

mort / vivant

leveä / kapea

large / étroit

syötävä / syömäkelvoton

comestible / incomestible

paha / kiltti

méchant / gentil

innostunut / tylsistynyt

excité / ennuyé

lihava / laiha

gros / mince

ensimmäinen / viimeinen

le premier / le dernier

ystävä / vihollinen

l'ami / l'ennemi

täysi / tyhjä

plein / vide

kova / pehmeä

dur / souple

painava / kevyt

lourd / léger

nälkä / jano

faim / soif

sairas / terve

malade / sain

laiton / laillinen

illégal / légal

älykäs / tyhmä

intelligent / stupide

vasen / oikea

gauche / droite

lähellä / kaukana

proche / loin

uusi / käytetty

nouveau / usé

ei mitään / jotain

rien / quelque chose

vanha / nuori

vieux / jeune

päällä / pois päältä

marche / arrêt

auki / kiinni

ouvert / fermé

hiljainen / äänekäs

faible / fort

rikas / köyhä

riche / pauvre

oikein / väärin

correct / incorrect

karhea / sileä

rugueux / lisse

surullinen / iloinen

triste / heureux

lyhyt / pitkä

court / long

hidas / nopea

lent / rapide

märkä / kuiva

mouillé / sec

lämmin / viileä

chaud / froid

sota / rauha

la guerre / la paix

les nombres

0

nolla
zéro

1

yksi
un / une

2

kaksi
deux

3

kolme
trois

4

neljä
quatre

5

viisi
cinq

6

kuusi
six

7

seitsemän
sept

8

kahdeksan
huit

9

yhdeksän
neuf

10

kymmenen
dix

11

yksitoista
onze

12

kaksitoista

douze

13

kolmetoista

treize

14

neljätoista

quatorze

15

viisitoista

quinze

16

kuusitoista

seize

17

seitsemäntoista

dix-sept

18

kahdeksantoista

dix-huit

19

yhdeksäntoista

dix-neuf

20

kaksikymmentä

vingt

100

sata

cent

1.000

tuhat

mille

1.000.000

miljoona

le million

englanti

l'anglais

amerikanenglanti

l'anglais américain

mandariinikiina

le chinois mandarin

hindi

le hindi

espanja

l'espagnol

ranska

le français

arabia

l'arabe

venäjä

le russe

portugali

le portugais

bengali

le bengali

saksa

l'allemand

japani

le japonais

minä
je

sinä
tu

hän
il / elle / ce, c', cela

me
nous

te
vous

he
ils / elles

kuka?
Qui ?

mitä / mikä?
Quoi ?

miten?
Comment ?

missä?
Où ?

milloin?
Quand ?

nimi
le nom

takana

derrière

sisällä

dans

edessä

devant

yläpuolella

au-dessus

päällä

sur

alapuolella

en-dessous

vieressä

à côté de

välissä

entre

paikka

le lieu